PAROLES

D'UN CITOYEN

A LA

FRANCE PATRIOTE.

1ᵉʳ MAI 1839.

PARIS,

CHEZ TOUS LES MARCHANDS DE NOUVEAUTÉS.

—

1839

UN CITOYEN

A LA

FRANCE PATRIOTE.

PAROLES

D'UN CITOYEN

A LA

FRANCE PATRIOTE.

1er MAI 1839.

Mes chers amis,

Nous voici arrivés à cet heureux anniversaire où tous les cœurs français sont appelés à exprimer des sentiments qui n'ont pas cessé de leur être bien chers ; où nous devons redire, dans l'intérêt de notre grande et belle patrie, tout ce que l'amour et la reconnaissance inspirent de vœux pour le Roi que nous avons l'orgueil de posséder.

Qu'il trouve la récompense de ses immenses et

immortels travaux et une compensation à ses douleurs de père dans ce cri poussé par l'attachement et le respect des bons citoyens : *vive le roi!* puisse sa race se perpétuer parmi nous !

Mandataire avoué de ces innombrables légions de travailleurs qui sont les enfants de la France, écrivain populaire, nous oserons exprimer nos souhaits et nos pensées au Roi des Français qui n'a pu oublier qu'en plaçant sur sa tête la couronne, emblême de la toute-puissance, son peuple lui a remis la main de justice pour la maintenir et l'épée pour la défendre.

Rappelons nos souvenirs.

Quand la France frappa d'exil des princes qui n'avaient pas su la comprendre, la liberté que le peuple venait de conquérir au prix de son sang l'embarrassa tout d'abord : les uns, en petit nombre, invoquaient une république que le bon sens de tous repoussait hautement; les autres, en plus petit nombre encore, prononçaient le nom de Napoléon II; les hommes éclairés, les véritables amis du pays, cherchaient à fixer leurs regards sur quelqu'un qui pût mettre notre patrie à l'abri d'une guerre civile qu'il était raisonnable de croire imminente, ou empêcher du moins la durée des troubles qu'amène à sa suite une révolution faite par la force des armes.

Les Députés, effrayés eux-mêmes de l'état d'anarchie dans lequel nous étions, prirent l'initiative; et, allant au-devant de la volonté nationale, encouragés par les patriotes dont le peuple aimait la voix, ils confièrent à M. le duc d'Orléans, d'abord la lieutenance générale du royaume, et ensuite la royauté qu'on pût surnommer à juste titre la Royauté citoyenne. La population tout entière accueillit ce choix avec les transports d'une allégresse vive et sincère, avec la conviction profonde que le sort de la France était enfin fixé pour toujours.

Bientôt après le Roi parcourut quelques-uns de nos départements; et les manifestations de la joie parisienne le suivirent dans tous les lieux où il lui plut de se montrer

Cette joie si pure et si vraie ne se démentit plus, ni aux retours de sa Fête, ni aux Anniversaires de Juillet, ni aux jours de ses dangers personnels, ni aux mariages de ses enfants, ni à aucune des époques politiques qui se sont successivement présentées.

C'est que le peuple a une intelligence exquise,

pour saisir la source du bonheur dont on le fait jouir ; c'est que le peuple paie en gratitude libre et spontanée les soins qu'on se donne pour son bien-être.

Des forcenés osèrent attenter à la vie du roi ; des agitateurs tentèrent de promener dans nos rues la discorde et l'émeute, et aussitôt tous les citoyens, l'honneur et la gloire de la France, députés, pairs, savants, chefs de la garde nationale coururent déposer aux pieds du roi l'assurance de leur fidélité inviolable.

Pourquoi toutes ces marques d'estime populaire et de respect filial ?

Pourquoi toutes ces preuves de dévoûment et de tendresse ?

Il faut bien qu'elles s'adressent au monarque qui a su nous garantir de nos propres excès, et maintenir l'ère de calme et de paix qui promettait aux sciences et à l'industrie un avenir prospère, et qui ne saurait échapper à personne.

Il faut bien que le souverain ait donné avec de la sécurité et du bonheur aux citoyens, des gages à la susceptibilité guerrière et à la dignité de la France.

En effet, les ateliers sont constamment ouverts et occupés; les grandes entreprises manufacturières et industrielles sont en plein succès; la confiance publique entraîne les capitaux dans les caisses d'épargne et dans les fonds du gouvernement; nos musées, nos théâtres s'enrichissent des produits de nos arts.

En effet, nos armes portent au loin l'illustration du nom français; en Belgique, en Afrique, au Mexique, nos soldats couvrent de gloire le drapeau tricolore, et nos jeunes princes, espoir de la patrie, partageant leurs périls, les mènent au combat avec une ardeur et un courage dignes d'eux.

La France ne songeait plus aux événements passés et se reposait, comme après une éruption, une avalanche, un grand orage, le voyageur rassuré se rasseoit pour respirer à l'aise avant de continuer son voyage.

Le Roi, dans son activité prodigieuse, dans sa haute intelligence, dans sa persévérante pensée pour le bien public, poussait le gouvernement vers une voie de progrès qui aurait consolidé notre existence nationale.

Tout à coup une révolution singulière éclate;

Une coalition se forme dans le sein de la chambre des députés ;

On confond les drapeaux, on emploie en commun les moyens d'intrigue et de séduction les moins honorables pour recruter des auxiliaires et accumuler des mécontentements contre les ministres et contre le roi lui-même ; on excite la perturbation dans les esprits, on porte le trouble et la crainte dans tous les cœurs, dans toutes les affaires ;

Pourquoi ?

Parce que les uns regrettent des portefeuilles perdus et que les autres ne peuvent rien espérer de ceux qui ont les portefeuilles actuels.

La question tout entière est personnelle à l'ambition de quelques individus.

Et quand l'heure des explications a sonné, nul ne se cache : les révélations les moins équivoques se font à la tribune ; on avoue l'égoïsme de ses désirs.

Que devait faire le Roi ? En appeler au pays par des élections nouvelles.

Le roi dissout la chambre.

Alors les coalisés forment des comités d'élection ;

Ces comités inondent le pays de circulaires et

d'adresses, dans lesquelles la colère dispute le pas à la calomnie.

Les députés favorables au système gouvernemental sont voués à l'animadversion des citoyens; on interprète les actions de leur vie, leurs votes, la tendance de leur esprit; on les signale comme hommes vendus ou à vendre, sans probité, sans patriotisme, sans valeur réelle.

Pour la coalition, il n'y a de députés intelligents, consciencieux, capables, ne pouvant représenter dignement la France que les coalisés et leurs amis.

Puis, ces messieurs crient au scandale des apostasies et des trahisons, à la vénalité, à la corruption des Français dévoués au Roi et à son gouvernement.

Le Roi laisse faire.

Bientôt la nouvelle chambre est réunie ; les voix sont comptées et l'on s'aperçoit que les agitateurs sont parvenus à diviser l'assemblée en deux camps de force à peu près égale.

Le roi, dans sa sagesse inappréciable, saisit admirablement ce qu'exigeait la position de la France : c'est dans cette circonstance si grave, si

importante pour nous, qu'il nous a mis à portée
de le juger.

Il renvoya ses ministres, sans s'arrêter à ce qu'il
y avait de blessant pour sa raison et pour ses affec-
tions propres, et il invita les coalisés à former et à
lui proposer un ministère en harmonie avec leurs
exigences et l'état de l'Europe.

Leur inhabileté deviendra un proverbe poli-
tique.

Forts pour détruire, ils devinrent impuissants
pour édifier ; unis pendant l'attaque, ils se désu-
nirent quand ils eurent à profiter de leur succès
fâcheux.

Celui-ci ne voulut plus de celui-là ; les préten-
tions se croisèrent ; chacun prétendit s'élever aux
dépens de ses voisins.

Cependant il fallait un gouvernement com-
plet pour obéir à la charte constitutionnelle.

Le roi, pour ôter aux coalisés tout prétexte de
plainte en leur accordant le temps nécessaire
à l'enfantement si pénible de leur ministère, et
pour prouver à la France qu'il serait toujours prêt
à écouter ses désirs, même ceux dont l'expression
lui semblerait le plus équivoque, le roi nomme

des ministres intérimaires choisis parmi ses serviteurs les plus capables et les plus zélés, et parmi les Français bien connus par des services rendus au pays.

Ajoutons que le peuple qui sait l'histoire, sait que ses pères n'ont été heureux que sous le gouvernement de rois sages et puissants, et c'est dans Louis Philippe 1er qu'il espère pour rendre à la France son antique splendeur, un instant compromise par les manœuvres de quelques brouillons ; il comprend aussi, le peuple, que la véritable majorité n'est pas à droite ou à gauche, mais bien où est le roi ; le peuple sait encore combien ont été funestes à la France les règnes des Clotaire, des Carloman, des Louis le Débonnaire, des Charles le Chauve, des Lothaire etc ; et ce serait en vain qu'on chercherait à cette heure à lui faire accepter pour chef un *fantôme* de roi. Il faut à la France, à cette grande et noble portion du monde civilisé un Roi digne d'elle, un roi sage, grand et fort, qui soit son protecteur et non son protégé.

A Dieu ne plaise toutefois qu'apôtre de l'absolutisme nous prêchions ici la servitude : il n'est pas de véritable grandeur sans liberté, et les droits des peuples sont aussi imprescriptibles que ceux des princes ; mais à côté des droits de chacun il est des devoirs que notre Roi saura accomplir avec sa volonté et son courage accoutumés.

Aussi malgré cette dernière campagne électorale, malgré le bruit des intrigans, des ambitieux, des brouillons que je viens de signaler ; malgré les tentatives de tumulte de quelques criards habitués de nos rues, la France est restée calme durant la crise ; le commerce n'a point souffert, l'industrie a poursuivi sa route ascensionnelle ; l'armée s'est montrée soumise et décidée ; la garde nationale a continué son service avec dévouement ; l'administration n'a eu à vaincre aucun obstacle.

Après toutes ces épreuves, puisque le roi est toujours demeuré un objet de respect et de vénération, puisque la France n'a point pris de part active au débat, personne ne peut mettre en doute les liens qui attachent le Roi au peuple et le peuple au Roi.

Puisque le nom français est partout respecté, nos institutions maintenues et affermies, notre

beau pays est et restera toujours ce qu'il doit être :
grand, fort, calme et florissant.

Le cri le plus français est donc en ce jour
solennel :

VIVE LE ROI !

PUISSE SA RACE SE PERPÉTUER AU MILIEU DE NOUS !

IMPRIMERIE DE MOQUET ET COMP., RUE DE LA HARPE 90.